Inhalt

Grenzgänger - Google, eBay und Co. entdecken die reale Welt

Kernthesen

Beitrag

Fallbeispiele

Weiterführende Literatur

Impressum

Grenzgänger - Google, eBay und Co. entdecken die reale Welt

Harald Reil

Kernthesen

- Online-Shops gehen auf die Straße und eröffnen Ladengeschäfte. Sie erfüllen damit ein eingefleischtes Bedürfnis der Kunden nach Haptik und Beratung.
- Den stationären Einzelhandel zieht es dagegen ins Netz, damit er seine Kunden auch auf diesem Verkaufskanal erreicht.
- Auf Dauer wird sich eine Omni-Channel-Strategie durchsetzen. Für konsumfreudige Kunden brechen dann wahrhaft paradiesische Zeiten an.

Beitrag

Sowohl-als-auch statt Entweder-oder

Verkehrte Welt: Während alle davon sprechen, dass der stationäre Einzelhandel sich auch ein E-Commerce-Standbein aufbauen muss, wenn er überleben will, geht der Online-Gigant Google auf die Straße und eröffnet ein Ladengeschäft. Eine weitere Online-Größe, nämlich eBay, hat es Google nachgetan und einen temporären Shop in London aufgemacht. Auch Zalando, der Online-Schuhhändler, der seine Kunden mit seinen Angeboten regelrecht zum Schreien bringt, mischt sich unters reale Volk. Und sogar Amazon plant, wie man hört, ein kleines, aber feines Ladengeschäft in Seattle. Noch sind die Gerüchte zwar nicht bestätigt, es spricht aber viel dafür, dass die Nachricht mehr als nur ein Körnchen Wahrheit enthält. Liegt also die Zukunft tatsächlich auf der Straße, und ist der ganz Hype um Online-Shops und Internethandel übertrieben? Die Wahrheit ist wohl in der Mitte angesiedelt oder anders formuliert: Sie lässt sich nicht mit einem Entweder-oder, sondern viel besser mit einem Sowohl-als-auch beantworten. Das heißt:

Wer nicht untergehen will, muss aus allen Rohren feuern oder weniger martialisch ausgedrückt: Der Handel sollte auf allen Kanälen präsent sein, will er seine Kunden auch in Zukunft erreichen. (1), (6), (7), (9)

Eingefleischtes Bedürfnis nach Haptik

Eigentlich ist doch alles klar: Der Online-Handel boomt, und ein Ende dieses Höhenflugs ist nicht abzusehen. Laut einer Analyse der Deutschen Bank hat der stationäre Einzelhandel während der vergangenen zwanzig Jahre deutlich an Boden verloren. Bei E-Commerce hingegen ist es genau umgekehrt. Noch 2004 kauften weniger als 40 Prozent der Deutschen Waren und Dienstleistungen über das Internet ein. Im Jahr 2010 war der Anteil schon auf über 60 Prozent gestiegen. Der Umsatz im Online-Handel ist von 2000 bis 2010 um sage und schreibe 1 000 Prozent gewachsen, der Umsatz für den stationären Handel im selben Zeitraum gerademal um 1,6 Prozent. Für das Jahr 2011 hat Bitkom ein Ergebnis publiziert, das das Herz von Online-Händlern sicherlich noch höher schlagen lässt: Demnach sind bereits 86 Prozent aller User im Internet schon einmal auf Shopping-Tour gegangen. Das sind immerhin rund 40 Millionen Bundesbürger.

Dank der zunehmenden Popularität der Smartphones wird diese Zahl sogar noch weiter nach oben klettern. Und dennoch scheint es ein eingefleischtes Bedürfnis der Kunden nach Haptik zu geben, das Ladengeschäfte alles andere als obsolet werden lässt. (2), (3), (4), (9)

Von Mensch zu Mensch

Verwunderlich ist das eigentlich nicht. Denn einerseits verspricht der stationäre Handel ein Shopping-Erlebnis, das der Internet-Einkauf nicht befriedigen kann; andererseits gibt es Produkte, die der Kunde zuerst einmal befühlen oder anprobieren möchte, bevor er Geld dafür hinlegt. Schuhe oder Kleidungsstücke sind dafür Paradebeispiele. Außerdem gibt es noch immer Menschen, die ein ausgeprägtes Bedürfnis nach Beratung haben. Trotz Direktbanken und bequemem Internet-Banking unterhält sich dieser Kundentyp vor dem Kauf eines Produkts daher noch immer lieber mit einem Banker von Mensch zu Mensch, als sich auf die anonymisierten Vertragstexte einer Intersite zu verlassen. (1), (5), (9)

Merkwürdiges Zwidderdasein

Klar ist jedenfalls, dass die Online-Größen, die sich zu dem Schritt in die reale Welt entschlossen haben, auf diese Bedürfnisse nach Haptik und Beratung reagierten. Allerdings scheinen zumindest einige dieser neuen Shops ein merkwürdiges Zwidderdasein zu führen. Denn einerseits hat nicht jeder Otto Normalbürger das Recht, den Laden zu betreten, sondern nur Kunden, die sich vorher online registriert haben; andererseits können User nicht wie in einem herkömmlichen Einzelhandelsgeschäft die ausgestellten Produkte kaufen und mitnehmen, sondern sie müssen warten, bis sie ihnen nach Hause geliefert werden. Die Läden dienen daher neben der Befriedigung der erwähnten Bedürfnisse vor allem der Imagepflege und sind eher als Showrooms konzipiert und nicht als traditionelle Points-of-Sale. (1), (6), (7)

Trends

Volle Attacke!

Der stationäre Handel wird nicht verschwinden, wie einige Schwarzseher befürchten. Stattdessen wird sich eine Omni-Channel-Strategie durchsetzen, bei der Online-Händler auf die Straße gehen und der Laden vor Ort sich auch im Netz breit macht. Volle

Attacke, heißt daher das Motto; und wer es sich nicht ebenfalls auf die Fahnen schreibt und wie die Konkurrenz aus allen Rohren feuert, wird wahrscheinlich untergehen. Für den konsumfreudigen Kunden werden paradiesische Zeiten anbrechen - noch schöner, als sie es jetzt schon sind. Denn egal, ob über das Tablet, über das Smartphone, über den internetfähigen Fernseher, über den PC oder aber ob direkt im Laden: Die Verführung wird omnipräsent sein. (1), (5)

Fallbeispiele

eBay verkauft Bestseller in London

Im Dezember letzten Jahres hat eBay in London einen so genannten Pop-Up-Store eröffnet. Kunden hatten fünf Tage lang Gelegenheit, 200 eBay-Bestseller zu kaufen. Dazu mussten sie mit ihren Smartphones lediglich den QR-Code der Artikel einscannen, die ausgestellt waren; die Rechnung beglichen sie ebenfalls über ihre mobilen Computer. Mitnehmen konnten die Kunden die Ware allerdings nicht; sie mussten warten, bis eBay sie wie gewohnt nach Hause lieferte. (6)

Zalando zieht es in die Hauptstadt

Zalando hat im April dieses Jahres im Berliner Stadtteil Kreuzberg ein Geschäft mit rund tausend Quadratmetern Verkaufsfläche aufgemacht. Zugangsberechtigungen bekommen allerdings nur Kunden, die sich vorher online registriert haben. Der Online-Schuhhändler hat versichert, dass der Store ein Ausnahmefall sei und er nicht plane, weiter in den traditionellen Handel einzusteigen. (1), (7)

notebooksbilliger.de eröffnet Laden in München

Auch notebooksbilliger.de, ein Unternehmen, das als reiner Online-Händler angefangen hat, ist auf die Straße gegangen. Das Computer-Fachgeschäft hat bereits vor zwei Jahren in der Nähe des Münchener Hauptbahnhofs ein Geschäft eröffnet. Doch anders als bei ebay können Kunden die ausgestellten Geräte nicht nur kaufen, sondern auch gleich mitnehmen. (1)

Bonobos lässt sich in Boston und New York nieder

Bonobos, ein US-amerikanische Anbieter von

Herrenmode, der ebenfalls als reiner Online-Händler begonnen hat, hat mittlerweile auch Ladengeschäfte in Boston und New York aufgemacht und kommt so dem Wunsch der Kunden nach haptischem Erleben entgegen. Kaufen können Bonobos-Besucher die Ware allerdings nicht vor Ort. Sie wird nach wie vor nach Hause gebracht. (1)

Google experimentiert mit der realen Welt

Auch Google experimentiert mit der realen Welt, gibt aber zu, dass die Versuche noch in den Kinderschuhen stecken. Immerhin hat der Internet-Riese im Herbst 2011 in London einen Laden eröffnet, in dem Besucher das hauseigene Betriebssystem Chrome auf mobilen Rechnern testen durften. (1)

Weiterführende Literatur

(1) Verkaufen auf allen Kanälen Überall präsent sein ist der Trend: Daher eröffnen auch Onlineanbieter eigene Läden, und Einzelhändler gehen ins Netz aus Financial Times Deutschland vom 14.06.2012, Seite 1SA01

(2) Kombination mit Ladengeschäft zunehmend

Facheinzelhandel forciert Online-Shops
aus Die Tabak Zeitung vom 29.04.2011, Nr. 017/2011

(3) Von der Website zum Laden
aus werben & verkaufen Nr. 44 vom 03.11.2011, S. 32 - 33

(4) Warum Onlinehändler Pakete mögen
aus DVZ, Nr. BKEP vom 24.04.2012

(5) Nähe zählt auch im Online-Zeitalter
aus handelsjournal - Das Wirtschaftsmagazin für den Einzelhandel Heft 05/2012, Seite 4

(6) Ebay: Eröffnet temporären Shop
aus www.lebensmittelzeitung.net vom 22.11.2011

(7) Schrei vor Angst
aus WirtschaftsWoche NR. 023 vom 04.06.2012 Seite 060

(8) Eine revolutionäre Buchhandlung
aus DIE WELT, 09.02.2012, Nr. 34, S. 23

(9) Mit Multi-Channel-Marketing dem Druck von E-Tailern trotzen
aus ITBN Nr. 010 vom 21.05.2012

Impressum

Grenzgänger - Google, eBay und Co. entdecken die reale Welt

Bibliografische Information der deutschen Nationalbibliothek

Die Deutsche Nationalbibliothek verzeichnet diese Publikation in der deutschen Nationalbibliografie; detaillierte bibliografische Daten sind im Internet über http://dnb.d-nb.de abrufbar.

ISBN: 978-3-7379-0799-6

© 2015 GBI-Genios Deutsche Wirtschaftsdatenbank GmbH, Freischützstraße 96, 81927 München, www.genios.de

Alle Rechte vorbehalten. Dieses Werk ist einschließlich aller seiner Teile – z.B. Texte, Tabellen und Grafiken - urheberrechtlich geschützt. Jede Verwertung außerhalb der Grenzen des Urheberrechtsgesetzes bedarf der vorherigen Zustimmung des Verlags. Dies gilt insbesondere auch für auszugsweise Nachdrucke, fotomechanische Vervielfältigungen (Fotokopie/Mikroskopie), Übersetzungen, Auswertungen durch Datenbanken oder ähnliche Einrichtungen und die Einspeicherung und Verarbeitung in elektronischen Systemen.